JOHANNES

PIANO QUINTET

for Piano, 2 Violins, Viola and Violoncello
F minor/f-Moll/Fa mineur
Op. 34

Ernst Eulenburg Ltd
London · Mainz · Madrid · New York · Paris · Prague · Tokyo · Toronto · Zürich

CONTENTS

PREFACE

The Piano Quintet Op. 34 by Brahms was constructed from a String Quintet after the composer had arranged the latter as a Sonata for two Pianos.

The first three movements of this composition (as a String Quintet) were in the hands of Clara Schumann as early as 29 August 1862. On September 3rd she wrote to Brahms:

I do not know how to start telling you quietly the great delight your Quintet has given me. I have played it over many times and I am full of it. It grows on me. What a world of strength there is in the first movement, [...] and what an Adagio! It is one long melody from start to finish. I am constantly playing it over and over again and never wish to stop. I like the Scherzo also, but I am inclined to think the Trio a bit too short. When will the last movement be ready?

On 18 December she wrote again:

I think the last movement rounds the whole thing off splendidly; the Introduction is beautiful, the second subject is a fitting contrast to the first, and the interplay of themes in the working-out section is most ingenious. In short, the work is a masterpiece.

Joachim gave an opinion no less favourable upon this String Quintet, the score of which he possessed. On 5 November 1862 he wrote as follows:

This piece of music is certainly of the greatest importance and is strong in character. The movements, taken separately, unite well as a whole. [...] The work is difficult and I am afraid that without vigorous playing it will not sound clear.

After Joachim had rehearsed the Quintet several times he again wrote to Brahms on 15 April 1863:

I am unwilling to let the Quintet pass out of my hands without having played it to you, as this would be the best and possibly the only way to help you. I do not wish to dogmatize on the details of a work, which, in every line, shows some proof of over-powering strength. But what is lacking, to give me pure pleasure, is, in a word, charm. After a time, on hearing the work quietly, I think you will feel the same as I do about it.

First of all Brahms altered some of the passages to which Joachim had taken objection and had the work performed privately in Vienna. But still it did not sound right. This was not on account of the performance, however as Brahms was convinced on hearing it played by Joachim himself in Hanover. He had exacted too much from the stringed instruments, without being sufficently acquainted with their capabilities.

He decided therefore to renounce the String Quintet form, and turned the composition into a Sonata for two Pianos which was finished in February 1864, and performed by Tausig and himself from MS. at a concert given on 17 April, but without great success. On the whole Clara Schumann was delighted with the work in its new guise, having studied it closely with Hermann Levi, and she wrote to Brahms on 22 July:

The work is splendid, but it cannot be called a Sonata. Rather is it a work so full of ideas that it requires an Orchestra for its interpretation. These ideas are for the most part lost on the piano; they are only to be recognised by a musician and do not exist for the general public. The first time I tried the work I had a feeling that it was an arrangement, but, thinking I might be prejudiced, I kept quiet. But Levi was quite decided about it. So please re-model it once more!

To this Brahms conceded. On Hermann Levi's advice he formed a Piano Quintet out of its essence, sent it to Levi in Karlsruhe and on 9 November 1865 received the following inspired reply:

The Quintet is beautiful beyond words. Anyone who did not know it in its earlier forms of String Quintet and Piano Sonata would never believe that it was not originally thought out and designed for the present combination of instruments. It does not contain a single note leading me to suspect that it is an arrangement; the ideas in it are rich in colour. You have turned a monotonous work for two Pianos into a thing of great beauty, a masterpiece of Chamber Music, the like of which we have not seen since the year 1828 [Schubert's death].

In spite of this high praise Brahms kept on polishing his composition and did not send it to his publisher, Rieter-Biedermann, until 12 July 1865, with the following letter:

I still think we must keep the work in mind as a Sonata for two Pianos. It appeals to me in this form and has also thus appealed to everyone who has played it or heard it [!]. It might prove an interesting and acceptable composition for two Pianos.

But it was not through this publisher that the work was issued as a Sonata for two Pianos but through the Countess Anna von Hessen (1872) to whom the MS was dedicated. The 1st Piano part is not exactly identical with the Piano part of the Quintet. Unfortunately Brahms failed to hand down the original String Quintet to posterity, and therefore the correct relationship between the Piano Quintet and the Sonata is lost. On the front page is written, simply. 'After the Quintet, Op. 34.'

Wilhelm Altmann.

Errata
Scherzo
Bar 62, Violin I: first semiquaver, 2nd beat G'' flat (instead of A'' flat)

VORWORT

Das Klavierquintett op. 34 schuf Brahms aus einem Streichquintett, nachdem er dieses zu einer Sonate für 2 Klaviere umgearbeitet hatte.

Die Partitur der drei ersten Sätze dieses Streichquintetts hielt Clara Schumann bereits am 29. August 1862 in Händen. Am 3. September schrieb sie dem Freund:

Ich weiß nicht recht, wie ich's anfangen soll, Dir mit ruhigen Worten zu sagen, welche Wonne ich an Deinem Quintett habe! Ich habe es viele Male gespielt, und mir ist das Herz ganz voll davon! Das wird ja immer schöner, herrlicher! Welch' innere Kraft, welcher Reichtum in dem ersten Satze. [...] Und welch' Adagio! Wonnig singt und klingt das bis zur letzten Note! Immer fange ich es wieder an und möchte nicht aufhören. Auch das Scherzo liebe ich sehr; nur kommt mir das Trio etwas sehr kurz vor. Und wann kommt der letzte Satz?

Sie konnte am 18. Dezember desselben Jahres schreiben:

Ich finde den letzten Satz prächtig das Ganze beschließend, voller Schwung, die Introduktion gar schön, das zweite Motiv als Gegensatz des ersten so wohltuend und in der Durcharbeitung wieder so geistvolles Ineinandergehen aller Motive, kurz, eben ganz meisterlich.

Nicht minder günstig äußerte sich Joseph Joachim über dieses Streichquintett, das auch ihm damals nur in der Partitur vorlag. Am 5. November 1862 schrieb er:

Es ist, soviel ist mir gleich klar, ein Stück von tiefster Bedeutung, voll männlicher Kraft und schwungvoller Gestaltung. Alle Sätze bedeutend, sich ergänzend. [...] Es ist schwer, das Quintett, und ich fürchte, dass es ohne energisches Spiel leicht unklar klingen wird.

Als dann Joachim das Quintett mehrmals durchgeprobt hatte, schrieb er an Brahms am 15. April 1863:

Ungern gebe ich das Quintett aus den Händen, ohne es Dir vorgespielt zu haben. Es wäre das beste, ja das einzige Mittel gewesen, Dir dabei zu nützen. Denn an Einzelheiten schulmeistern mag ich bei einem Werk nicht, das in jeder Zeile Zeugnis einer fast übermütigen Gestaltungskraft gibt, das durch und durch voll Geist ist. Klangreiz, um's annähernd mit einem Wort zu bezeichnen, ist's, was mir daran zum ungetrübten Genuss fehlt. Und ich meine, bei ruhigem Anhören nach einiger Zeit müsste Dir das auch fühlbar werden.

Brahms änderte zunächst einige von Joachim beanstandete Stellen und ließ sich dann das Werk in Wien privat vorspielen, es wollte aber nicht recht klingen. Dass dies nicht etwa an der Ausführung lag, davon überzeugte Brahms sich in Hannover, wo er durch Joachim das Werk zu hören bekam. Er hatte offenbar den Streichinstrumenten zu viel zugemutet, ohne mit ihrer Eigenart völlig vertraut zu sein.

Er entschloss sich, die Gestalt des Streichquintetts aufzugeben, und schuf daraus eine Sonate für zwei Klaviere, die spätestens im Februar 1864 fertig war und aus der Handschrift von ihm zusammen mit Tausig in einem Konzert am 17. April, jedoch ohne besondern Erfolg, gespielt wurde. Clara Schumann war von dieser neuen Form, die sie mit Hermann Levi genau durchgenommen hatte, im Allgemeinen sehr entzückt, schrieb aber am 22. Juli an Brahms:

Das Werk ist so wundervoll großartig, aber es ist keine Sonate, sondern ein Werk, dessen Gedanken Du wie aus einem Füllhorn über das

VI

ganze Orchester ausstreuen könntest – müsstest. Eine Menge der schönsten Gedanken gehen auf dem Klavier verloren, nur erkennbar für den Musiker, für das Publikum ungenießbar. Ich hatte gleich beim Erstenmalspielen das Gefühl eines arrangierten Werkes, glaubte mich aber befangen und sagte es darum nicht. Levi aber sprach es gleich ganz entschieden aus. Mir ist nach dem Werk, als habe ich eine grobe tragische Geschichte gelesen! Aber, bitte, lieber Johannes, folge nur diesmal, arbeite das Werk nochmals um.

Das tat Brahms denn auch: Auf Rat Hermann Levis goss er den geistigen Inhalt in die Form eines Klavierquintetts. Er sandte es Levi nach Karlsruhe und erhielt von diesem am 9. November 1865 einen ganz begeisterten Brief darüber. Darin heißt es u. a.:

Das Quintett ist über alle Maß schön; wer es nicht unter den früheren Firmen Streichquintett und Sonate kennt, der wird nicht glauben, daß es für andere Instrumente gedacht und geschrieben ist. Keine Note macht mir den Eindruck des Arrangements; alle Gedanken haben eine viel prägnantere Färbung; aus der Monotonie der beiden Klaviere ist ein Musikstück von Klangschönheit geworden, aus einem nur wenigen Musikern zugänglichen Klavier-Duo ein Labsal für jeden Dilettanten, der Musik im Leibe hat,

ein Meisterwerk von Kammermusik, wie wir seit dem Jahre 1828 [Schuberts Todesjahr] kein zweites aufzuweisen haben.

Trotz dieses Lobes feilte Brahms noch an dem Werke, übersandte es erst am 12. Juli 1865 seinem Verleger Rieter-Biedermann zur Drucklegung, schrieb aber dabei:

Ferner möchte ich, wir behielten das Werk auch als Sonate für zwei Klaviere in Aug' und Sinn. Es ist mir und allen [!], die es gespielt oder gehört, doch einmal besonders lieb in dieser Gestalt, und möchte ein interessantes Werk für zwei Klaviere doch wohl gern empfangen werden.

An dem Verleger lag es aber nicht, dass diese Sonate für zwei Klaviere erst 1872 herauskam, sondern an der Landgräfin Anna von Hessen, die das ihr gewidmete Manuskript verlegt hatte. Die erste Klavierstimme ist nicht etwa identisch mit der Klavierstimme des Quintetts. Leider hat Brahms, der das ursprüngliche Streichquintett nicht auf die Nachwelt hat kommen lassen, selbst das richtige Verhältnis zwischen Klavierquintett und Sonate verschleiert, indem er auf deren Titelblatt drucken ließ: „Nach dem Quintett op. 34."

Wilhelm Altmann

Errata
Scherzo
Takt 62, Violine I: erste Sechzehntel, 2. Zählzeit ges'' (statt as'')

PIANO QUINTETT

I.

Johannes Brahms
(1833–1897)
Op. 34

J. R. B. 1937

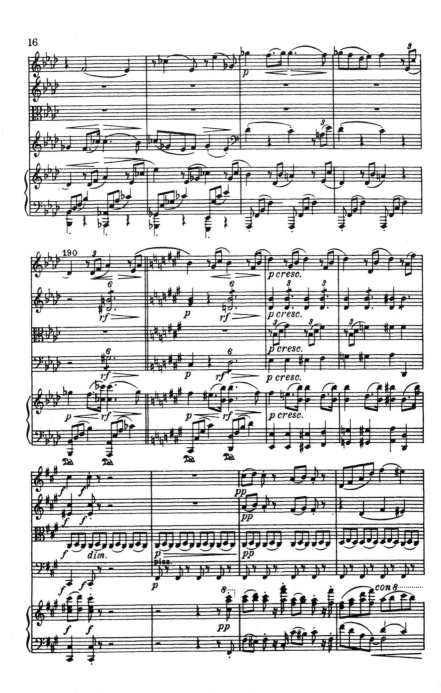

Poco sostenuto

II

Andante, un poco Adagio

34

III

Scherzo da Capo sin al Fine

IV

52

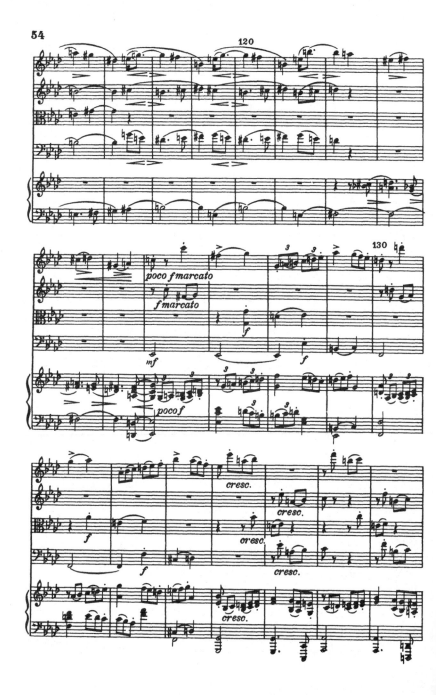